Uschi Wieck

Blumenschmuck aus Window Color

AUGUSTUS

Inhalt

Blüten aus Window Color

Transparent leuchtende Fensterbilder, kreativ gestaltete Fliesen, Spiegel oder Windlichter – diese Anwendungsideen haben Window Color bekannt gemacht. Jetzt erobert die Trendfarbe die dritte Dimension: Aus Draht und Window Color entstehen naturgetreue Blumen in einzigartiger Optik.

Die glänzenden Blüten wirken verblüffend echt und sind doch ganz einfach herzustellen. Sie eignen sich einzeln oder in kleinen Gruppen als Blickfang in der Vase, lassen sich mit Window-Color-Blättern, künstlichem Laub aus dem Hobbyfachhandel oder natürlichem Grün aus dem Garten zu effektvollen Sträußen arrangieren oder schmücken beispielsweise Kränze und Geschenke. Überraschen Sie Freunde mit ihrer Lieblingsblume, die garantiert nicht welkt, Gäste mit einem originellen Tischkartenhalter oder Gastgeber mit einem liebevoll gebundenen Sräußchen – nicht selbst gepflückt, sondern selbst gebastelt.

Material und Hilfsmittel

Die farbenfrohen Blütenblätter bestehen aus Window Color und Silberdraht. Die Farbe wird dick auf eine geeignete Kunststofffolie aufgetragen, der Draht zur Schlinge geformt und in die Farbe gestellt. Nach dem Trocknen bildet die Farbe ein feines Häutchen, das an die Zartheit von Blütenblättern erinnert.

Farbe

Für die Blüten- und Laubblätter wird Window Color verwendet. Diese Farben sind in praktischen Malflaschen im Hobby- und Bastelhandel erhältlich. Direkt nach dem Auftrag erscheinen sie milchig, bilden aber in getrocknetem Zustand einen transparenten, elasti-

Material und Hilfsmittel für das Gestalten der effektvollen Blüten: Window Color, Silberdraht, Blumendraht, Binde- und Myrtendraht, Rundhölzer, Kreppwickelband, Blütenstempel und Staubgefäße, Schere, Zange und Seitenschneider, Zahnstocher, Zirkel

schen Film. Alle Farbtöne sind untereinander mischbar. Die Farbangaben in diesem Buch beziehen sich auf *fun & fancy Window Color* von *Marabu*, mit der die Originalmodelle angefertigt wurden. Entsprechende Produkte anderer Marken eignen sich ebenfalls. Arbeiten Sie im Zweifelsfall einige Probe-Blütenblätter, bevor Sie sich an Ihr eigentliches Projekt wagen.
Tragen Sie die Farben dicker auf als etwa für Fensterbilder üblich. Außerdem brauchen Sie ein wenig Geduld: Damit Ihre Blüten perfekt gelingen, muss die Farbe gründlich durchgetrocknet sein. Lassen Sie die Arbeit also nach dem Auftragen der Farbe unbedingt 24 Stunden ruhen, bevor Sie die Teile abnehmen.

Folie

Als Untergrund für die Farbe dient Kunststofffolie, von der sich der trockene Film leicht abziehen lässt. Spezielle, für das Malen mit Window Color geeignete Folien sind im Fachhandel erhältlich. Billiger und leichter zu beschaffen sind Klarsichthüllen, wie sie im Büro verwendet werden.
Ein zusätzlicher Vorteil: Sie können die Vorlage in die Hülle hineinschieben, sodass sie beim Malen nicht mehr verrutscht. Achten Sie aber unbedingt auf das Material: Die Hüllen müssen aus Polypropylen (PP) oder Polyethylen (PE) bestehen!

Draht und Rundhölzer

Für kleinere Blütenblätter benötigen Sie **Silberdraht** mit einem Durchmesser von 0,25 oder 0,35 mm. Er wird auf Rollen verkauft, lässt sich leicht in Form biegen und verleiht gerade hellen Blüten außer dem notwendigen Halt auch eine dezente Kontur.
Für größere Blätter empfiehlt sich der leicht zu formende **Bindedraht**, den es in verschiedenen Farben und Stärken (0,35 bis 0,6 mm) gibt. Grundsätzlich gilt: Je größer das Blatt, desto stärker der Draht. Zu dünne Drähte verbiegen sich leicht oder hängen durch. Beachten Sie die Angaben bei den einzelnen Modellen.

Gebogen werden die Drahtschlingen um **Rundhölzer** oder andere zylindrische Gegenstände der entsprechenden Stärke. Auch die Window-Color-Flaschen eignen sich gut zum Formen der Schlingen: Die 80-ml-Flasche hat einen Durchmesser von 3,5 cm, die 250-ml-Flasche misst 6 cm.
Feinen **Myrtendraht** brauchen Sie zum Umwickeln der Drahtenden, wenn Sie die einzelnen Teile einer Blüte zusammenfügen oder Blätter am Stiel befestigen.
Als Stiele dienen etwa 35 cm lange Stücke leicht zu biegender **Gärtner-Blumendraht,** den Sie beim Blumenhändler bekommen. Verwenden Sie je nach der gewünschten Stieldicke 1 bis 4 Drahtstücke.

Zusätzliches Material

Alle Stiele werden mit grünem oder – bei Zweigen – bräunlich grünem Kreppwickelband kaschiert. Für die meisten Blüten benötigen Sie außerdem einen selbst hergestellten Blütenstempel (siehe Anleitung auf Seite 9) oder künstliche Staubgefäße, die Sie im Hobbyfachhandel erhalten.

Werkzeug

Das Werkzeug, das Sie für die Window-Color-Blüten benötigen, dürfte in jedem Haushalt vorhanden sein:

- Zirkel zum Vorzeichnen von Kreisen
- Lineal oder Geodreieck
- Schere
- spitze Rund- oder Flachzange
- Seitenschneider
- Zahnstocher zum Verziehen von Farben
- Küchenkrepp zum Abwischen von Farbtropfen

• Tipp •

Motive für Ihre eigenen Blumen-Entwürfe finden Sie in Biologie- und Gartenbüchern, auf Fotos und Postkarten oder in der freien Natur. Selbstverständlich können Sie sich aber auch fantasievolle Blüten selbst ausdenken.

Grundtechnik

Egal, ob Sie eine Rose oder ein Veilchen, eine exotische Flamingoblume oder eine einfache Tulpe anfertigen wollen – die Grundtechnik ist in jedem Fall dieselbe. Deshalb erkläre ich die einzelnen Arbeitsschritte am Beispiel der roten Rose ausführlich.

Rote Rose

Vorlagenbogen Seite A

Keine andere Blume hat so viel symbolische Bedeutung wie die rote Rose, das Sinnbild der Liebe. Verschenken Sie eine einzelne Blüte oder einen ganzen Strauß davon an einen Menschen, der Ihnen besonders nahe steht.

Das wird gebraucht

Für die Blüte
Rundhölzer, Ø 3 cm, 4,5 cm und 5,5 cm
Window Color, rubinrot und saftgrün
Für die Blätter
Rundhölzer, Ø 5 cm und 6 cm
Window Color, saftgrün und olivgrün
Außerdem
Draht, Ø 0,35 mm
Folie (siehe Seite 5)
Myrtendraht
4 Stücke Gärtner-Blumendraht, je 35 cm lang
Kreppwickelband, grün

So wird's gemacht

Blüte

Für eine Blüte benötigen Sie 7 rubinrote Blütenblätter: 4 mit einem Durchmesser von 5,5 cm und 3 mit einem Durchmesser von 4,5 cm. Außerdem fertigen Sie einen Blütenstempel und 4 saftgrüne Kelchblättchen mit einem Ausgangsdurchmesser von 3 cm an.

Legen Sie den 0,35 mm starken Draht um ein Rundholz der jeweiligen Stärke und verdrillen Sie die Enden miteinander. Schneiden Sie die Enden mit dem Seitenschneider so ab, dass hinter dem Blütenblatt noch etwa 3 cm zum Festhalten des Rohlings stehen bleiben, und biegen Sie diese Drahtenden senkrecht nach oben. Sie dienen als »Griff«, wenn Sie den Rohling in die Farbe stellen.
Die Drahtschlinge legen Sie völlig flach auf die Vorlage, streichen sie gegebenenfalls mit dem Zeigefinger glatt und formen das Blütenblatt entsprechend dem Umriss der Vorlage aus.

Legen Sie nun die Vorlage unter die Folie, tragen Sie Window Color in Rubinrot beziehungsweise Saftgrün (Kelchblätter) dick bis über den Rand des Umrisses hinaus auf und stellen Sie den Drahtrohling in die Farbe, sodass er einsinkt. Der Draht muss völlig von der Farbe bedeckt sein.
Malen Sie außerdem für den Blütenstempel einen langen, etwa 1 cm breiten Streifen in Rubinrot auf die Folie.

Alternativ können Sie auch die ausgeformte Drahtschlinge auf die Folie legen und mit Window Color ausmalen. Die Spitze der Malflasche berührt dabei die Folie. Auch in diesem Fall muss der Draht völlig von der Farbe bedeckt sein.

Nach demselben Prinzip fertigen Sie 4 Kelchblätter in Saftgrün aus Drahtschlingen mit 3 cm Durchmesser an, die Sie entsprechend der Vorlage in die Länge ziehen. Diese Kelchblätter werden später direkt unterhalb der Blüte platziert.

Blätter

Stellen Sie für jede Rose beliebig viele Laubblätter aus 5 und 6 cm großen Drahtschlingen her. Den Punkt der runden Drahtschlingen, der den verdrillten Enden gegenüberliegt, ziehen Sie als Blattspitze leicht hoch und formen mit den Händen oder – bei festerem Draht für größere Teile – mit einer spitzen Rund- oder Flachzange den gekerbten Rand entsprechend der Vorlage.

Die Drahtrohlinge füllen Sie auf dieselbe Weise mit Window Color aus wie zuvor die Blütenblätter. Verwenden Sie Saftgrün als Grundfarbe und ziehen Sie einige Linien in Olivgrün als Blattadern ein.

Am rationellsten geht Ihnen die Arbeit von der Hand, wenn Sie immer einen Arbeitsschritt völlig zu Ende führen, bevor Sie mit dem nächsten beginnen. Formen Sie also zunächst alle Drahtrohlinge für Blüten-, Kelch- und Laubblätter. Tragen Sie dann gemäß der Vorlage die Farbfelder auf und stellen Sie die Drahtschlingen hinein, sodass alle Teile zur selben Zeit durchgetrocknet sind und weiterverarbeitet werden können. Widerstehen Sie der Versuchung, diese Trockenzeit abzukürzen: Die dicke Farbschicht ist erst nach 24 Stunden gründlich getrocknet.

Wenn die Farbe trocken und transparent geworden ist, nehmen Sie die Teile vorsichtig von der Folie ab und schneiden die überstehenden Farbränder mit der Schere schräg ab (siehe Tipp, Seite 9).

• Tipp •

Tragen Sie die Farbe immer dick und großzügig über den Rand der Vorlage hinaus auf, damit die Drahtschlinge auch nach dem Trocknen völlig ausgefüllt ist. Was übersteht, schneiden Sie nach einer Trockenzeit von 24 Stunden vorsichtig mit der Schere ab. Achten Sie darauf, leicht schräg zu schneiden, damit Sie nicht versehentlich den Draht kappen oder die Farbe so anschneiden, dass der Draht blank liegt.

Blütenstempel
Für den Blütenstempel biegen Sie ein etwa 10 cm langes Drahtstück zum Haken (siehe Vorlage), legen den roten Window-Color-Streifen ein und fixieren ihn durch Zusammendrücken des Hakens. Dann wickeln Sie den Streifen den Draht entlang dicht an dicht nach unten, sodass er eng anliegt und den Draht völlig verdeckt. Dick aufgetragen klebt die von mir verwendete Farbe nicht und ist so elastisch, dass sie sich beliebig ziehen lässt.

Fertigstellung
An den fertigen Stempel legen Sie die 3 kleineren Blütenblätter an und umwickeln die Drahtenden mit Myrtendraht, um die Teile zusammenzuhalten. Fügen Sie 2 weitere Blütenblätter hinzu und umwickeln Sie die Drahtenden wieder. Dann legen Sie die beiden letzten Blütenblätter an und umwickeln die Enden ein weiteres Mal. Sie sollten jedes Mal nur 2 bis 3 weitere Blütenblätter hinzufügen und die Drahtenden immer wieder umwickeln, damit die Blüte Halt bekommt.

Zum Schluss legen Sie unterhalb der Blüte die 4 Kelchblättchen an und umwickeln die Drahtenden wieder mit Myrtendraht.
Setzen Sie an die umwickelten Drahtenden einen Stiel aus 4 Stücken Gärtner-Blumendraht an und umwickeln Sie ihn auf ganzer Länge mit grünem Kreppwickelband.
Mit Myrtendraht befestigen Sie einige Laubblätter am Stiel und kaschieren ihn noch einmal mit Kreppband.
Zum Schluss bringen Sie die Blüte und die Laubblätter mit den Händen oder einer Zange vorsichtig in Form.

Weiße Lilie

Vorlagenbogen Seite A

Edel wie ihr natürliches Vorbild wirkt die weiße Lilie auch in der Window-Color-Version. Kombinieren Sie die noble Blüte mit einigen Rosen zu einem hinreißenden Strauß!

Das wird gebraucht

Für die Blüte
Window Color, weiß und gelb
Für die Blätter
Window Color, saftgrün
Außerdem
Draht, Ø 0,6 mm
Silberdraht, Ø 0,25 mm
Folie (siehe Seite 5)
Myrtendraht
4 Stücke Gärtner-Blumendraht, je 35 cm lang
Kreppwickelband, grün

So wird's gemacht

Die Blüten- und Laubblätter der Lilie formen Sie ihrer Größe wegen ohne Rundhölzer entsprechend der Vorlage. Sie benötigen:

- 6 Blütenblätter, weiß, ca. 17 cm lang
- 5 Staubgefäße, gelb, ca. 10 cm lang
- 2 Laubblätter, saftgrün, 19 cm lang
- 2 Laubblätter, saftgrün, ca. 12 cm lang

Fertigen Sie die Drahtformen an, wie auf Seite 7 beschrieben, und füllen Sie sie auf der Folie mit Farbe aus. Außerdem malen Sie mit Window Color in Gelb 5 lange, jeweils etwa 1 cm breite Streifen auf ein Stück Folie. Lassen Sie alles 24 Stunden trocknen. Dann nehmen Sie die Formen von der Folie und schneiden die Ränder vorsichtig von den Drahtformen ab.

Für die Staubgefäße bereiten Sie 5 Silberdrahtstücke von jeweils 12 cm Länge vor, deren Ende Sie wie auf dem Vorlagenbogen gezeigt zum Haken umbiegen. Fädeln Sie in diesen Haken ein Ende eines gelben Window-Color-Streifens ein und fixieren Sie ihn durch Zusammendrücken des Hakens. Arbeiten Sie auf diese Weise 5 Staubgefäße.

Arrangieren Sie 3 Blütenblätter und die Staubgefäße und verbinden Sie die Drahtenden all dieser Elemente mit Myrtendraht. Dann setzen Sie die 3 übrigen Blütenblätter auf der gegenüberliegenden Seite an und umwickeln alle Drahtenden der Blüte mit Myrtendraht.

An dieses untere Ende der Blüte setzen Sie die 4 Stücke Gärtner-Blumendraht als Stiel an und umwickeln sie mit Kreppwickelband. Anschließend befestigen Sie die Laubblätter der Lilie mit Myrtendraht am Stiel und umwickeln ihn ein zweites Mal mit Kreppwickelband.

Schließlich zupfen Sie die Blüten- und Laubblätter mit den Händen in Form oder biegen sie vorsichtig mit der Zange zurecht.

Tulpe

Vorlagenbogen Seite A

Mit diesen elegant marmorierten Tulpen können Sie sich den Frühling schon ins Haus holen, wenn draußen noch Schnee liegt.

Das wird gebraucht

Für die Blüten
Rundholz oder Flasche, Ø 6 cm
Window Color, gelb, korallenrot oder weiß sowie weiß oder orange (Marmorierung)
Für die Blätter
Window Color, olivgrün
Außerdem
Draht, Ø 0,35 mm
Folie (siehe Seite 5)
Zahnstocher
Myrtendraht
pro Blüte 4 Stücke Gärtner-Blumendraht, je 35 cm lang
Kreppwickelband, grün

So wird's gemacht

Für jede Blüte benötigen Sie 6 Blütenblätter, je 1 Laubblatt von 10 und 15 cm Länge und einen Stempel von 7,5 cm Länge. Formen Sie die Drahtrohlinge für Blüten- und Laubblätter, wie auf Seite 7 beschrieben.

Um den Marmoreffekt bei den Blütenblättern zu erzielen, verteilen Sie zuerst die Grundfarbe (Gelb, Korallenrot oder Weiß) der jeweiligen Tulpe entsprechend der Vorlage auf der Folie und ziehen dann in Weiß oder – bei der weißen Tulpe – Orange einige unregelmäßige Linien ein, die Sie mit einem Zahnstocher etwas verziehen. Die Drahtformen für die Blätter malen Sie mit olivgrüner Farbe aus. Malen Sie außerdem für jeden Blütenstempel einen langen, etwa 1 cm breiten Streifen in Gelb auf die Folie. Lassen Sie die Farbe 24 Stunden durchtrocknen, bevor Sie die Formen abnehmen und die Ränder begradigen.

• Tipp •

Zu den Window-Color-Tulpen passt frisches Grün aus dem Garten wie zum Beispiel Birkenzweige mit zartgrünem Austrieb.

Narzisse

Vorlagenbogen Seite A

Da staunt selbst der Osterhase – so natürlich sehen die Narzissen mit ihren glänzenden gelben und weißen Blüten aus.

Das wird gebraucht

Für die Blüte
Rundholz, Ø 5,5 cm
Window Color, gelb, weiß, orange
5 künstliche Staubgefäße, gelb
Für die Blätter
Window Color, hellgrün und dunkelgrün
Außerdem
Draht, Ø 0,4 mm
Folie (siehe Seite 5)
Myrtendraht
4 Stücke Gärtner-Blumendraht, 35 cm lang
Kreppwickelband

Aus einem 10 cm langen Drahtstück, das Sie entsprechend der Vorlage zum Haken biegen, und einem gelben Streifen Window Color stellen Sie den Blütenstempel her (siehe Seite 9).

Arrangieren Sie 3 Blütenblätter und den Stempel und fassen Sie die Drahtenden mit Myrtendraht zusammen. Dann legen Sie die 3 übrigen Blütenblätter an und umwickeln alle Drahtenden mit Myrtendraht.

Um dieses untere Ende der Blüte legen Sie 4 Stücke Gärtner-Blumendraht und umwickeln diesen Stiel mit Kreppwickelband. Befestigen Sie die beiden grünen Blätter mit Myrtendraht am Stiel und umwickeln Sie den ganzen Stiel noch einmal mit Kreppwickelband. Schließlich formen Sie die Blüten und Blätter vorsichtig mit den Händen aus.

So wird's gemacht

Für eine Narzisse benötigen Sie

- 1 Blütenstempel, gelb, ca. 10 cm lang
- 6 Blütenblätter, gelb oder weiß, länglich geformt, Ø 5,5 cm
- 3 Blütenblätter, gelb (evtl. mit orangefarbenem Rand), rundlich geformt, Ø 5,5 cm
- 2 – 3 Laubblätter, hellgrün und dunkelgrün, ca. 15 cm lang

Biegen Sie zunächst die Drahtrohlinge für Blüten- und Laubblätter von Hand oder mit Hilfe einer Zange nach der Vorlage und füllen Sie die Formen auf der Folie mit Farbe aus. Sie können die Blüten entweder einfarbig gelb gestalten oder eine weiße Hauptkrone mit einer gelben Trompete kombinieren und nach Belieben die 3 inneren Blütenblätter mit einem feinen orangefarbenen Rand versehen. Die Laubblätter werden hellgrün ausgemalt und mit dunkelgrünen Streifen akzentuiert. Malen Sie zusätzlich pro Blüte einen etwa 1 cm breiten Streifen in Gelb für den Stempel auf die Folie.

Lassen Sie die Farbe 24 Stunden trocknen. Dann nehmen Sie die Teile von der Folie ab und begradigen die Ränder mit der Schere.

Fertigen Sie aus dem getrockneten gelben Farbstreifen und einem etwa 12 cm langen, zum Haken gebogenen Drahtstück einen Stempel an (siehe Seite 9). Gruppieren Sie um den Stempel 5 künstliche Staubgefäße sowie die 3 Blütenblätter für die Trompete und umwickeln Sie die Drahtenden fest mit Myrtendraht. Um die Trompete legen Sie die 6 Blütenblätter für die Hauptkrone und befestigen die Drahtenden ebenfalls mit Myrtendraht.

Platzieren Sie rund um das untere Ende der Blüte 4 Stücke Gärtner-Blumendraht und umwickeln Sie diesen Stiel mit Kreppwickelband. Dann befestigen Sie 2 oder 3 Laubblätter mit Myrtendraht am Stiel und umwickeln den Stiel noch einmal mit Kreppband. Formen Sie die fertige Blüte und die Blätter mit der Hand oder mit einer Zange vorsichtig aus.

Krokus

Vorlagenbogen Seite A

Ein Frühlingsgruß, der nicht nur eine Woche lang Freude bereitet: Die bunten Krokusse in einer moosbedeckten Schale heben die Laune garantiert.

Das wird gebraucht

Für die Blüte
Silberdraht, Ø 0,35 mm
Rundholz, Ø 3,5 cm
Window Color, violett, lavendel, gelb, zitrone, weiß
Für die Blätter
Draht, Ø 0,5 mm
Window Color, hellgrün und weiß
Außerdem
Folie (siehe Seite 5)
Zahnstocher
Myrtendraht

So wird's gemacht

Eine Blüte besteht aus 6 Blütenblättern und einem selbst hergestellten Stempel sowie einer beliebigen Anzahl an Laubblättern. Biegen Sie die Drahtformen folgendermaßen zurecht: Für die Blütenblätter formen Sie Silberdrahtschlingen mit einem Durchmesser von 3,5 cm und ziehen sie entsprechend der Vorlage in die Länge. Für ein langes, schmales Laubblatt knicken Sie ein 30 cm langes Stück Draht (Ø 0,5 mm) in der Mitte und fertigen daraus einen Rohling für ein 10 cm langes Blatt an.

Füllen Sie die Drahtformen auf der Folie mit Window Color aus (siehe Seite 7): Bei den Blütenblättern erzielen Sie dekorative Effekte, wenn Sie in die Grundfarbe Akzente in einer harmonierenden helleren oder dunkleren Farbe setzen und die Farben mit einem Zahnstocher verziehen.

Die Blätter sind hellgrün und haben einen weißen Längsstreifen in der Mitte. Für jeden Stempel malen Sie einen langen, etwa 1 cm breiten Streifen in Gelb auf die Folie.

Den Stempel fertigen Sie an, wie auf Seite 9 beschrieben, und arrangieren zunächst 3 Blütenblätter im Halbkreis darum herum. Umwickeln Sie die Drahtenden mit Myrtendraht, bevor Sie die 3 übrigen Blütenblätter ansetzen und alle Drahtenden mit Myrtendraht fixieren.

Die fertigen Blüten stecken Sie zusammen mit einigen Blättern in Steckschaum, den Sie mit Moos kaschieren.

Stiefmütterchen

Vorlagenbogen Seite A

Ob als reizvolles Arrangement in einem Korb oder als ausgefallene Dekoration auf einem Kranz aus Moos und Efeu – Stiefmütterchen haben immer einen ganz besonderen nostalgischen Charme.

Das wird gebraucht

Für die Blüten
Rundhölzer, Ø 3,5 cm und 4 cm
Window Color, lavendel, violett, weiß, gelb
künstliche Staubgefäße, gelb (Hobbyfachhandel)

Für die Blätter
Rundhölzer, Ø 4 cm und 6 cm
Window Color, saftgrün

Außerdem
Silberdraht, Ø 0,25 mm
Folie (siehe Seite 5)
Myrtendraht
2 – 3 Stücke Gärtner-Blumendraht, 35 cm lang
Kreppwickelband

So wird's gemacht

Für jedes Stiefmütterchen benötigen Sie 3 kleinere Blütenblätter mit 3,5 cm und 2 größere mit 4 cm Durchmesser, etwa 5 künstliche Staubgefäße und eine beliebige Anzahl von Laubblättern.

Formen Sie die Drahtrohlinge entsprechend der Vorlage und füllen Sie diese Schlingen mit Farbe (siehe Seite 7).

Jedes Stiefmütterchen hat Blütenblätter in verschiedenen Farben:

Violettes Stiefmütterchen:
2 große Blütenblätter, violett
3 kleine Blütenblätter, violett und gelb

Violettweißes Stiefmütterchen:
2 große Blütenblätter, weiß
3 kleine Blütenblätter, violett und lavendel

Gelbweißes Stiefmütterchen:
2 große Blütenblätter, gelb
2 kleine Blütenblätter, weiß
1 kleines Blütenblatt, weiß und gelb

Für die zweifarbigen Blütenblätter tragen Sie zunächst die Farbe des »Auges« (Gelb bzw. Lavendel) an der Seite des Blütenblattes auf, an der die Drahtenden verdrillt sind. Dann malen Sie mit der anderen Farbe (Weiß oder Violett) bis über den Rand der Vorlagenkontur hinaus rund um dieses »Auge« herum und verziehen die innere Farbe mit einem Zahnstocher strahlenförmig in die äußere.

Fertigen Sie außer den Blüten auch passend zum geplanten Arrangement einige Blätter in Saftgrün an.

Lassen Sie die ausgemalten Drahtformen 24 Stunden trocknen, bevor Sie die Ränder begradigen. Dann setzen Sie die 3 kleineren Blütenblätter mit den künstlichen Staubgefäßen entsprechend der Abbildung zusammen (das Blütenblatt in der unteren Mitte liegt oben) und umwickeln die Drahtenden mit Myrtendraht. Setzen Sie die beiden größeren Blütenblätter dahinter an und fixieren Sie die Blüte wieder durch Umwickeln mit Myrtendraht.

Verlängern Sie die Drahtenden von Blüten und Laubblättern durch jeweils 2 bis 3 Stücke Gärtner-Blumendraht, die Sie mit Kreppwickelband kaschieren.

Dann formen Sie die fertigen Blüten aus und arrangieren alles nach Belieben zu einem Strauß, Gesteck oder Kranz.

Weihnachtsstern

Vorlagenbogen Seite B

Dieser Weihnachtsstern hält die ganze Saison über und muss garantiert nie gegossen werden.

Das wird gebraucht

Draht, Ø 0,4 mm
Rundhölzer, Ø 2 cm, 3 cm, 5 cm, 6 cm, 10 cm
Window Color, rubinrot, olivgrün
Folie (siehe Seite 5)
künstliche Staubgefäße, gelb
Myrtendraht

So wird's gemacht

Folgende Blätter benötigen Sie für den Weihnachtsstern:

- 6 Blätter, rubinrot, Ø 10 cm
- 5 Blätter, rubinrot, Ø 6 cm
- 5 Blätter, rubinrot, Ø 5 cm
- 5 Blätter, rubinrot, Ø 3 cm
- 4 Blätter, rubinrot, Ø 2 cm
- 3 Blätter, olivgrün, Ø 6 cm

Stellen Sie alle Blätter entsprechend der Vorlage her, wie unter »Grundtechnik« auf Seite 7 beschrieben. Nach der 24-stündigen Trockenzeit schneiden Sie die überstehenden Farbränder ab.

Gruppieren Sie die 4 kleinsten roten Blätter rund um ein Büschel Staubgefäße und umwickeln Sie die Drahtenden und die Enden der Staubgefäße fest mit Myrtendraht. Dann fügen Sie nach und nach die Blätter der jeweils nächsten Größe rundherum hinzu, halten alles stets gut mit Myrtendraht zusammen und setzen zuletzt die 3 grünen Blätter an.

Schon während des Andrahtens können Sie damit beginnen, die Blätter auszuformen und jedem Blatt eine individuelle Gestalt zu geben. Die elastische Farbe erleichtert Ihnen diese Aufgabe sehr.

Den fertigen Weihnachtsstern können Sie auf Tannenzweigen inmitten des Esstischs oder auf einer Kommode dekorativ platzieren.

Gutschein für ein Frühstück im Grünen

Vorlagenbogen Seite B

Auch darüber freuen sich Blumenfreunde: eine Einladung zum Frühstück im Grünen – in freier Natur oder auf dem eigenen Balkon.

Das wird gebraucht

Draht, Ø 0,6 mm
Window Color hellgrün, azurblau
Window Color Konturfarbe, gold
Folie (siehe Seite 5)
Myrtendraht
4 Stücke Gärtner-Blumendraht, 35 cm lang
Kreppwickelband

So wird's gemacht

Biegen Sie das Herz aus starkem Draht entsprechend der Vorlage. Dann platzieren Sie die Vorlage unter der Folie und schreiben mit Window Color in Hellgrün den Text. Lassen Sie ihn trocknen und setzen Sie anschließend mit Gold sparsam einige Effekte an den Kanten der Buchstaben. Sobald auch diese Farbe getrocknet ist, malen Sie den Hintergrund bis über den Rand der Herzkontur hinaus mit Azurblau aus und lassen die Farbe 24 Stunden lang trocknen, bevor Sie die überstehende Farbe vorsichtig mit der Schere abschneiden.

Setzen Sie an der unteren Herzspitze, an der die Drähte verdrillt sind, einen Stiel aus 4 Stücken Gärtner-Blumendraht an und umwickeln Sie ihn mit Kreppwickelband. Das fertige Herz können Sie in einem Efeukranz oder in einem bunten Blumenstrauß verschenken.

• Tipp •

Um das Herz zu verstärken, können Sie die Form aus Windradfolie schneiden und hinter das Window-Color-Herz kleben. Die Folie haftet von selbst an der Farbe.

Flamingoblume

Vorlagenbogen Seite B

Außergewöhnlich elegant wirkt das rosaweiß marmorierte Hochblatt der Flamingoblume als einzelne Blüte in einer hohen Vase.

Das wird gebraucht

Draht, Ø 0,35 mm
Window Color, rosa, weiß, gelb
Folie (siehe Seite 5)
Zahnstocher
Myrtendraht
4 Stücke Gärtner-Blumendraht, 35 cm lang
Kreppwickelband, grün

So wird's gemacht

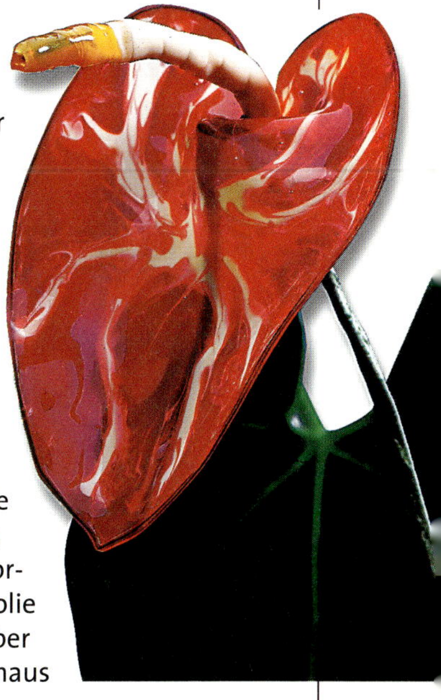

Formen Sie mit Hilfe einer Zange den Drahtrohling für das Hochblatt, das von der Basis bis zur Spitze ungefähr 9 cm lang ist. Wegen dieser Größe darf der verwendete Draht auch nicht zu dünn sein. Bereiten Sie das Farbfeld vor, indem Sie die Vorlage unter die Folie legen und bis über die Konturen hinaus dick Window Color in Rosa auftragen. Dann setzen Sie mit Weiß einige Linien in die Farbe, verziehen sie mit dem Zahnstocher, und setzen den Drahtrohling in die Farbe. Für den Kolben malen Sie einen etwa 1 cm breiten Streifen in Gelb und Weiß auf die Folie.

Lassen Sie die Farbe 24 Stunden trocknen. Dann nehmen Sie die Teile ab und schneiden die überstehende Farbe vom Rand des Hochblattes ab.

Ein 15 cm langes Stück Draht biegen Sie für den Kolben zum Haken, wie auf der Vorlage angegeben. Legen Sie den gelbweißen Streifen in den Haken ein, fixieren Sie ihn durch Zusammendrücken und wickeln Sie ihn dicht an dicht den Draht entlang bis zum unteren Ende.

Legen Sie den fertigen Kolben an die Basis des Hochblattes und umwickeln Sie die Drahtenden beider Teile mit Myrtendraht.

Für den Stiel setzen Sie 4 Stücke Gärtner-Blumendraht rund um das untere Ende der Blüte an und umwickeln sie von oben nach unten mit Kreppwickelband. Bringen Sie das Hochblatt und den Kolben mit den Händen und gegebenenfalls mit der Zange vorsichtig in Form.

• Tipp •

Frische Gräser aus dem eigenen Garten lassen sich sehr gut mit der edlen Flamingoblume kombinieren.

Kirschblüten

Vorlagenbogen Seite B

Herrlich romantisch wirken die zarten weißen Kirschblüten mit ihrem Hauch von Rosa.

Das wird gebraucht

- Rundholz, Ø 1,5 cm
- Silberdraht, Ø 0,25 mm
- Window Color, weiß und rosa
- Folie (siehe Seite 5)
- Zahnstocher
- Myrtendraht
- künstliche Staubgefäße, gelb
- 4 Stücke Gärtner-Blumendraht, 35 cm lang
- Kreppwickelband, bräunlich grün

So wird's gemacht

Für jede Einzelblüte brauchen Sie 5 Blütenblätter mit einem Durchmesser von jeweils 1,5 cm sowie 4 künstliche Staubgefäße. Formen Sie die Drahtrohlinge für die Blütenblätter und füllen Sie diese Schlingen auf der Folie mit Window Color in Weiß aus (siehe Seite 7). Dann setzen Sie mit Rosa sparsam Akzente, indem Sie von der Basis der Blütenblätter her einige Tropfen in das Weiß einfügen und mit dem Zahnstocher verziehen. Malen Sie außerdem einen Streifen in Weiß auf die Folie.

Die Blütenblätter lassen Sie 24 Stunden trocknen, nehmen sie von der Folie ab und begradigen die Ränder mit der Schere.

Setzen Sie 3 Blütenblätter und 4 Staubgefäße zusammen und umwickeln Sie die Drahtenden mit Myrtendraht. Dann fügen Sie die beiden übrigen Blütenblätter hinzu und umwickeln die Enden wieder mit Myrtendraht. Fertigen Sie auf diese Weise die gewünschte Anzahl von Blüten an.

An der Spitze des Zweiges sitzt eine kleine Knospe: Dafür biegen Sie ein dünnes Drahtstück zum Haken, befestigen den weißen Farbstreifen daran und wickeln ihn um den Draht.

Für den Zweig fassen Sie die 4 Stücke Gärtner-Blumendraht zusammen und umwickeln sie mit Kreppwickelband. Auch die kurzen Stiele der einzelnen Blüten umwickeln Sie mit Kreppband und befestigen sie mit Myrtendraht am Zweig, den Sie schließlich noch einmal als Ganzes mit Kreppband kaschieren und in Form biegen.

Lampionblume

Vorlagenbogen Seite B

Selbst die bizarre Form der Lampionblume lässt sich mit Window Color verblüffend echt nachempfinden.

Das wird gebraucht

Silberdraht, Ø 0,35 mm
Window Color, orange
Folie (siehe Seite 5)
Silberdraht, Ø 0,25 mm
Nähnadel, fein
Myrtendraht
4 Stücke Gärtner-Blumendraht
Kreppwickelband, grün

So wird's gemacht

Jeder »Lampion« besteht aus 10 Segmenten. Schneiden Sie mit dem Seitenschneider 10 Stücke Silberdraht von je 25 cm Länge zu und knicken Sie die Drahtstücke in der Mitte. Formen Sie etwa 7 cm hohe Schlaufen und verdrillen Sie die Enden jedes einzelnen Drahtes wie gewohnt. Die Drahtformen füllen Sie mit Window Color in Orange aus (siehe Seite 7) und lassen sie 24 Stunden trocknen, bevor Sie die Ränder begradigen.

Streichen Sie die fertigen Segmente vorsichtig über dem Daumen aus, sodass eine leichte Wölbung entsteht. Ziehen Sie ein Stück Silberdraht (Ø 0,25 mm) durch das Öhr einer feinen Nähnadel, fädeln Sie alle Segmente auf, indem Sie das Farbhäutchen an der Spitze durchstechen. Ziehen Sie die Segmente zusammen, verdrillen Sie den Silberdraht im Inneren des »Lampions« und schneiden Sie ihn ab.

Dann bringen Sie den »Lampion« in die richtige Form und schneiden die Drahtenden an der Oberseite ab. Ziehen Sie auch hier alle Segmente wie an der unteren Spitze mit feinem Silberdraht und einer Nähnadel zusammen und schneiden Sie den Draht 4 cm hinter dem »Lampion« ab.

Dieses Drahtende umfassen Sie mit 4 Stücken Gärtner-Blumendraht und fixieren alles mit Myrtendraht. Zum Schluss umwickeln Sie den ganzen Stiel mit Kreppwickelband.

Klatschmohn

Vorlagenbogen Seite B

In der Vase hält der leuchtend rote Klatschmohn kaum einen Tag, aus Window Color angefertigt welkt er garantiert nicht.

So wird's gemacht

Für eine Mohnblüte brauchen Sie 8 Blütenblätter, je 4 mit einem Durchmesser von 5 und 3,5 cm. Kleinere, knospige Blüten können Sie aus 3 Blütenblättern herstellen. Biegen Sie die Drahtformen entsprechend der

Das wird gebraucht

Für die Blüte
Rundhölzer, Ø 3,5 cm und 5 cm
Window Color, kirschrot
Für die Blätter
Rundhölzer, Ø 5 cm und 6 cm
Window Color, saftgrün und olivgrün
Außerdem
Silberdraht, Ø 0,35 mm
Folie (siehe Seite 5)
10 künstliche Staubgefäße, schwarz
Myrtendraht
3 Stücke Gärtner-Blumendraht, 35 cm lang
Kreppwickelband

Vorlage und füllen Sie die Rohlinge auf der Folie mit Window Color in Kirschrot aus (siehe Seite 7). Auf dieselbe Weise arbeiten Sie eine beliebige Anzahl an Rohlingen für Laubblätter und füllen sie mit Window Color in Saftgrün aus, in die Sie einige olivgrüne Adern einziehen. Nach der Trocknungszeit von 24 Stunden nehmen Sie die Formen ab und begradigen die Ränder.

Legen Sie die Blütenblätter nacheinander schuppenartig überlappend an ein Zentrum aus 10 schwarzen Staubgefäßen an und umwickeln Sie die Drahtenden nach jeweils 3 Blättern mit Myrtendraht. Wenn Sie mehr Blütenblätter auf einmal anfügen, riskieren Sie, dass die Blüte während der Arbeit auseinander fällt.

Setzen Sie unterhalb der Blüte an die umwickelten Drahtenden 3 Stücke Gärtner-Blumendraht an und umwickeln Sie diesen Stiel mit Kreppwickelband. Dann setzen Sie mit Myrtendraht unterschiedlich große Laubblätter an den Stiel an und umwickeln ihn noch einmal mit Kreppband. Formen Sie Blüten- und Laubblätter mit den Händen oder mit einer Flach- oder Rundzange vorsichtig aus.

• Tipp •

Ein rustikales, sommerliches Arrangement entsteht aus Window-Color-Mohnblüten und echten Getreideähren.

Walderdbeere

Vorlagenbogen Seite B

Zum Anbeißen sehen sie aus, diese Erdbeeren mit Früchten und Blüten – ein echter Blickfang im ländlichen Ambiente!

Das wird gebraucht

Für die Blüten
Silberdraht, Ø 0,25 mm
Rundhölzer, Ø 1,5 cm, 2 cm, 3 cm, 4 cm, 5 cm
Window Color, weiß
künstliche Staubgefäße, gelb
Für die Früchte
Gärtner-Blumendraht, Ø 0,35mm
Window Color, rubinrot
Window Color Konturfarbe, gold
Für die Blätter
Silberdraht, Ø 0,35 mm
Rundhölzer, Ø 5 cm und 6 cm
Window Color, hellgrün
Außerdem
Folie (siehe Seite 5)
Gärtner-Blumendraht, Ø 0,35 mm
Myrtendraht
Kreppwickelband, grün

So wird's gemacht

Für jede Blüte brauchen Sie 5 Blütenblätter einer Größe sowie einige künstliche gelbe Staubgefäße. Diese Blüten kombinieren Sie mit einer beliebigen Anzahl an Blättern und selbst hergestellten Erdbeeren.

Formen Sie die Drahtrohlinge entsprechend der Vorlage und füllen Sie auf der Folie die Blütenblätter weiß, die Kelchblättchen für die Früchte und die Laubblätter hellgrün aus (Seite 7).

Für jede Erdbeere malen Sie einen langen, etwa 1 cm breiten Streifen in Rubinrot auf die Folie.

Lassen Sie die Farbe 24 Stunden trocknen und begradigen Sie die Ränder der Drahtformen.

Für die Blüten arrangieren Sie 3 Blütenblätter dachziegelartig überlappend um einige gelbe Staubgefäße, umwickeln die Drahtenden mit Myrtendraht und fügen die beiden übrigen Blütenblätter hinzu. Umwickeln Sie alle Drahtenden mit Myrtendraht und setzen Sie einen Stiel aus biegsamem Gärtner-Blumendraht an. Diesen Stiel umwickeln Sie mit Kreppwickelband.

Für die Erdbeeren wickeln Sie das Ende eines Stücks Gärtner-Blumendraht einige Male spiralig um einen Bleistift und biegen daraus die Grundform der Frucht. Wickeln Sie den roten Streifen Window Color dicht an dicht um die Drahtform, bis die Erdbeere die gewünschte Größe hat. Dann formen

Sie die Frucht aus und deuten Sie mit Konturgold die Kerne an. Setzen Sie am Drahtende der Erdbeere 5 Kelchblättchen an, die Sie mit Myrtendraht am Stiel befestigen. Dann umwickeln Sie den ganzen Stiel mit Kreppwickelband und biegen ihn so, dass die Erdbeere sich anmutig nach vorne neigt.

Auch die Drahtenden der Laubblätter verlängern Sie mit Gärtner-Blumendraht, den Sie mit Kreppband umwickeln.

Stechen Sie ein kleines Stück Rasen im Garten aus, setzen Sie es in ein Tongefäß und stecken Sie Erdbeerblüten, -früchte und -blätter dazu.

Orchidee

Vorlagenbogen Seite B

Dieses Meisterstück wird Ihnen viele bewundernde Komplimente einbringen: eine Orchidee, wie sie schöner kaum sein kann.

Das wird gebraucht

Rundhölzer, Ø 2 cm, 3 cm, 4 cm, 5 cm
Window Color, reseda, gelb, bordeaux, weiß
Silberdraht, Ø 0,35 mm
Folie (siehe Seite 5)
4 Stücke Gärtner-Blumendraht, Ø 0,35 mm
Myrtendraht
Zahnstocher

So wird's gemacht

Jede Blüte setzt sich aus 7 Blütenblättern zusammen. Sie benötigen:

- 1 Blütenblatt, mehrfarbig, Ø 5 cm
- 1 Blütenblatt als Zunge, reseda, Ø 2 cm
- 2 Blütenblätter, reseda und weiß, Ø 3 cm
- 1 Blütenblatt, reseda, Ø 3 cm
- 2 Blütenblätter, reseda, Ø 4 cm (leicht gebogen geformt)

Bereiten Sie die Drahtformen entsprechend der Vorlage vor (siehe Seite 7) und füllen Sie die Rohlinge auf der Folie mit Farbe. Die 3 hinteren Blütenblätter und die Zunge sind resedafarben, bei den beiden Blütenblättern rechts und links unten wird etwas Weiß ins Resedagrün gemischt.

Das auffällige mehrfarbige Blütenblatt in der unteren Mitte gestalten Sie in Reseda, Bordeaux und Gelb und verziehen die einzelnen Farben mit einem Zahnstocher etwas ineinander.

Nach der 24-stündigen Trockenzeit nehmen Sie die Teile ab, begradigen die Ränder und formen die Blütenblätter sorgfältig entsprechend der Abbildung aus.

Beim Arrangieren der Blüte beginnen Sie mit dem bunten Blütenblatt und platzieren dahinter die Zunge, die etwas nach vorne gerundet wird. Umwickeln Sie die Drahtenden der beiden Teile mit Myrtendraht. Schräg nach unten setzen Sie die beiden grünweißen Blütenblätter an und umwickeln die Drahtenden wieder mit Myrtendraht. Die beiden leicht gezackt geformten, grünen Blütenblätter folgen rechts und links dahinter und werden ebenfalls angedrahtet. Den Abschluss bildet das Blütenblatt in der hinteren Mitte. Umwickeln Sie alle Drahtenden noch einmal mit

Myrtendraht und setzen Sie einen Stiel aus 4 Stücken Gärtner-Blumendraht an, den Sie mit Kreppwickelband umwickeln. Nach Belieben können Sie auch 2 Blüten an einen Stiel setzen (siehe Abbildung). Formen Sie die fertige Blüte sorgfältig aus.

Glücksklee

Vorlagenbogen Seite B

Wenn das kein Glück bringt … Der hübsche vierblättrige Klee eignet sich als originelles Mitbringsel zu Silvester ebenso wie als Glück verheißender Schmuck auf einem Geschenk.

Das wird gebraucht

- Rundhölzer, Ø 1,5 cm, 2 cm und 3 cm
- Silberdraht, Ø 0,25 mm
- Window Color, olivgrün (alternativ saftgrün) und bordeaux
- Zahnstocher
- Myrtendraht
- Gärtner-Blumendraht, Ø 0,35 mm
- Kreppwickelband, grün

So wird's gemacht

Stellen Sie pro Kleeblatt 4 Einzelblättchen der gewünschten Größe her. Biegen Sie die Drahtformen entsprechend der Vorlage und füllen Sie die Rohlinge auf der Folie mit Window Color aus: Setzen Sie in die Spitze des Blättchens einen Tupfer Bordeaux und füllen Sie die Form in Grün aus. Dann verziehen Sie die beiden Farben vorsichtig mit dem Zahnstocher ineinander. Lassen Sie die Formen 24 Stunden trocknen und begradigen Sie dann die Ränder.

Arrangieren Sie die fertigen Einzelteile zum vierblättrigen Kleeblatt und verdrillen Sie erst die Drahtenden der einzelnen Blättchen miteinander. Dann umwickeln Sie alle Enden mit Myrtendraht, verlängern den Stiel mit einem etwa 10 cm langen Stück Gärtner-Blumendraht und umwickeln ihn mit Kreppwickelband.

Die Deutsche Bibliothek – CIP-Einheitsaufnahme

Ein Titeldatensatz für diese Publikation ist bei Der Deutschen Bibliothek erhältlich.

Dank der Autorin
Für ihre Unterstützung bei der Arbeit an diesem Buch danke ich der Firma Marabuwerke GmbH & Co., Tamm, dem Blumenhaus Langfeldt in Lütjenburg, Renate Kaufmann, Gisela Astani sowie Martina und Hannes sehr herzlich. *Uschi Wieck*

Fotografie: Klaus Lipa, Diedorf bei Augsburg
Lektorat: Helene Weinold-Leipold, Aystetten
Umschlagkonzeption: Kontrapunkt, Kopenhagen
Umschlaglayout: Angelika Tröger
Reihenkonzeption: Kontrapunkt, Kopenhagen
Layout: Anton Walter, Gundelfingen

AUGUSTUS VERLAG, München 2000

Satz: Gesetzt aus 9,5 Punkt The Sans von DTP-Design Walter, Gundelfingen
Reproduktion: GAV Prepress, Gerstetten
Druck und Bindung: Offizin Andersen Nexö, Leipzig

Gedruckt auf 135 g umweltfreundlich chlorfrei gebleichtes Papier.

ISBN 3-8043-0818-X

Printed in Germany